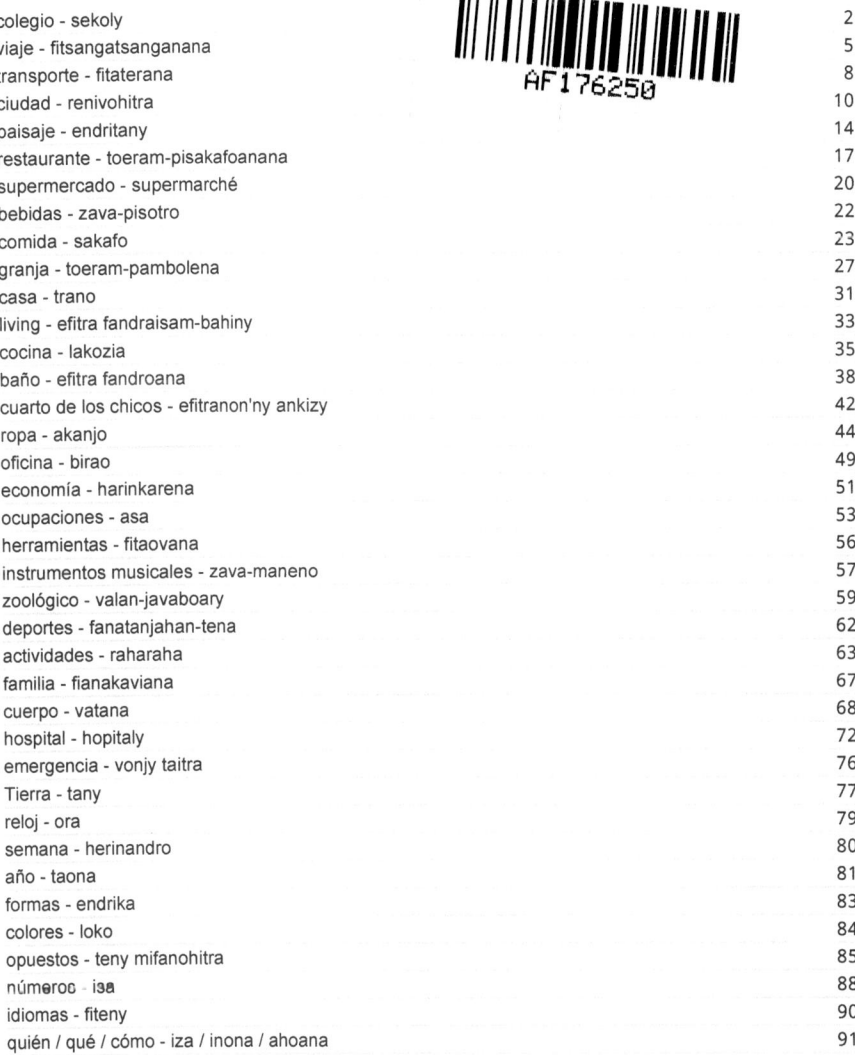

Impressum
Verlag: BABADADA GmbH, Nedderfeld 112 , 22529 Hamburg
Geschäftsführer / Verlagsleitung: Harald Hof
Druck: Books on Demand GmbH, In de Tarpen 42, 22848 Norderstedt

Imprint
Publisher: BABADADA GmbH, Nedderfeld 112 , 22529 Hamburg, Germany
Managing Director / Publishing direction: Harald Hof
Print: Books on Demand GmbH, In de Tarpen 42, 22848 Norderstedt

1

colegio
sekoly

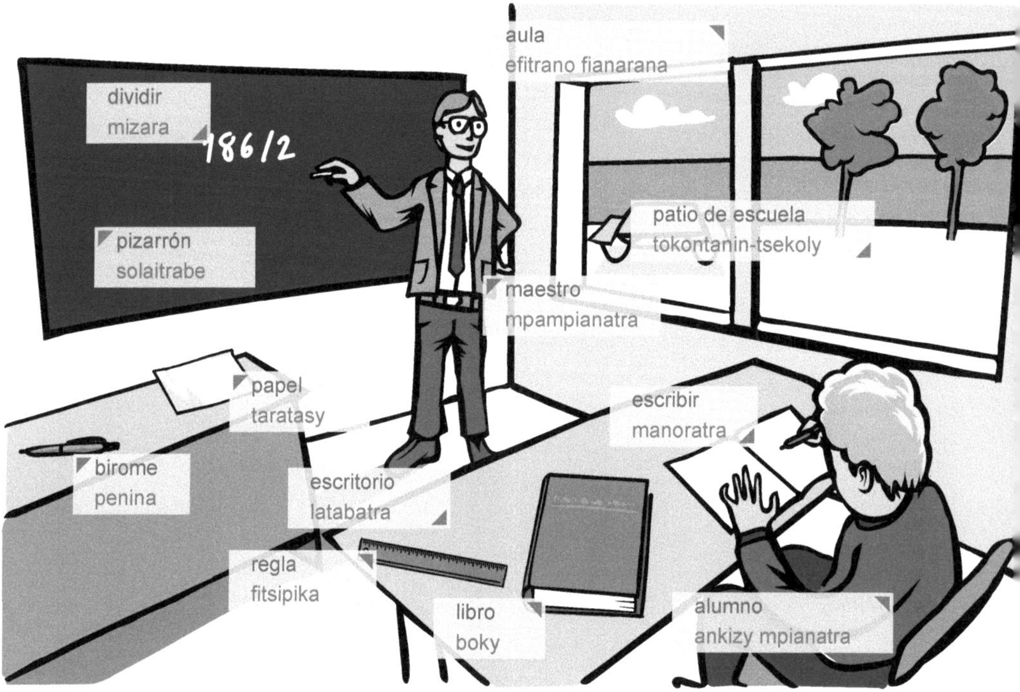
aula
efitrano fianarana
dividir
mizara
186/2
pizarrón
solaitrabe
patio de escuela
tokontanin-tsekoly
maestro
mpampianatra
papel
taratasy
escribir
manoratra
birome
penina
escritorio
latabatra
regla
fitsipika
libro
boky
alumno
ankizy mpianatra

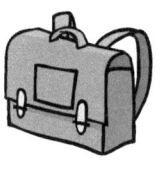

mochila
kitapo

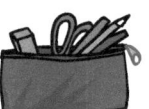

caja de lápices
torosy

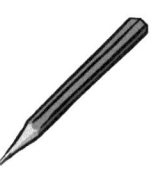

lápiz
pensilihazo

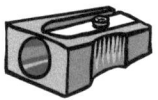

sacapuntas
fandrangitana pensilihazo

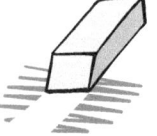

goma (de borrar)
gaoma

bloc de dibujo
karne fanaovana sary

dibujo
....
sary

pincel
....
borosy fandokoana

caja de pinturas

boaty loko

tijera
....
hety

pegamento
....
lakaoly

cuaderno de ejercicios
....
kahie fampiasàna

tarea
....
enti-mody

número
....
tarehi-marika

sumar
....
manampy

rector
....
manala

multiplicar
....
mampitombo

calcular
....
mikajy

letra
....
taratasy

abecedario
....
abidia

palabra
....
teny

texto

lahatsoratra

leer

mamaky

tiza

tsaoka

lección

lesona

cuaderno de clase

boky fianarana

examen

fanadinana

certificado

sertifikà

uniforme escolar

fanamian'ny mpianatra

educación

fiofanana

enciclopedia

raki-pahalalana

universidad

oniversite

microscopio

mikraoskaopy

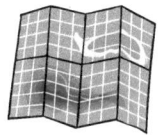

mapa

sarintany

tacho (de basura)

fanariana fako taratasy

viaje

fitsangatsanganana

hotel
hôtely
Grand
hostel
tranom-bahiny
ROOMS
casa de cambio
toerana fanakalozana vola
valija
valizy
auto
fiara

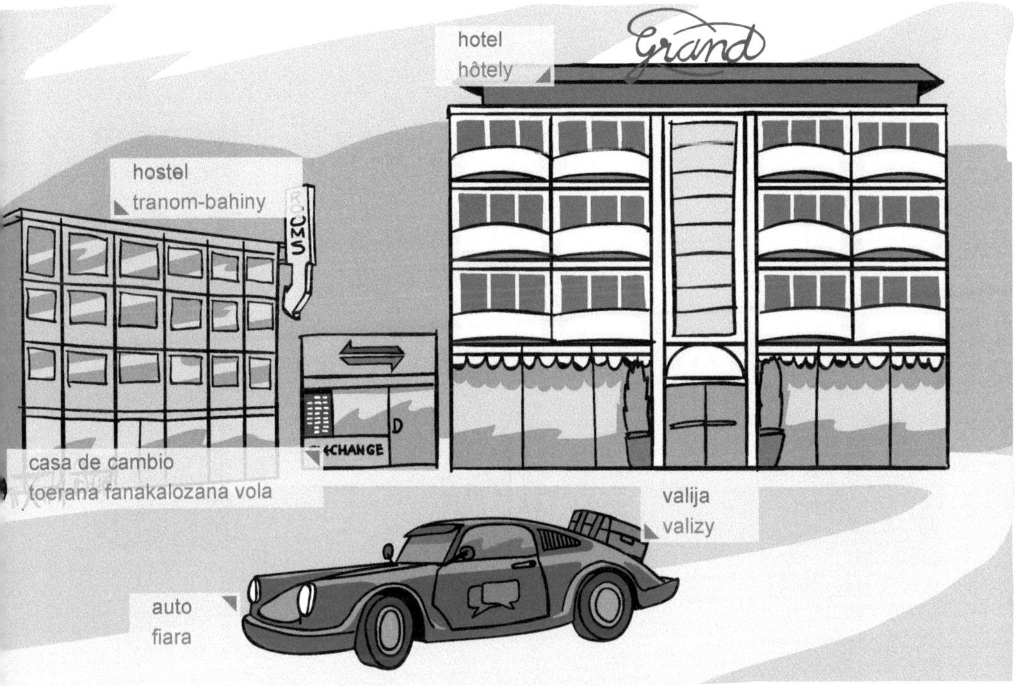

idioma
fiteny

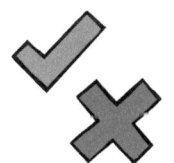

sí / no
eny / tsia

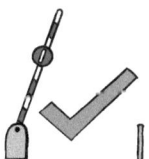

Está bien
Eny àry

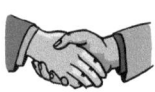

hola
salama

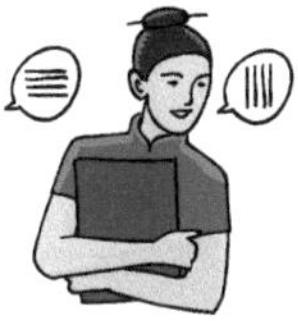

traductor
mpandika teny

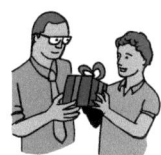

Gracias
Misaotra

¿cuánto cuesta...?

ohatrinona...?

No entiendo

Tsy azoko izany

problema

olana

¡Buenas tardes!

Salama ô!

¡Buenos días!

Arahaba tra-maraina e!

¡Buenas noches!

Tsara mandry ô!

adiós

veloma

dirección

fitantanana

equipaje

entan'ny mpandeha

bolso

harona

mochila

kitapo

invitado

vahiny

habitación

efitrano

bolsa de dormir

fandriana enti-tànana

carpa

tanty

información turística

birao miandraikitra ny
fizahantany

playa

moron-tsiraka

tarjeta de crédito

fahana amin'ny karatra

desayuno

sakafo maraina

almuerzo

sakafo atoandro

cena

sakafo hariva

pasaje

tapakila

ascensor

ascenseur

sello

hajia

frontera

tany manasaraka

aduana

fadin-tseranana

embajada

ambasady

visa

visa

pasaporte

pasipaoro

viaje - fitsangatsanganana   7

transporte
fitaterana

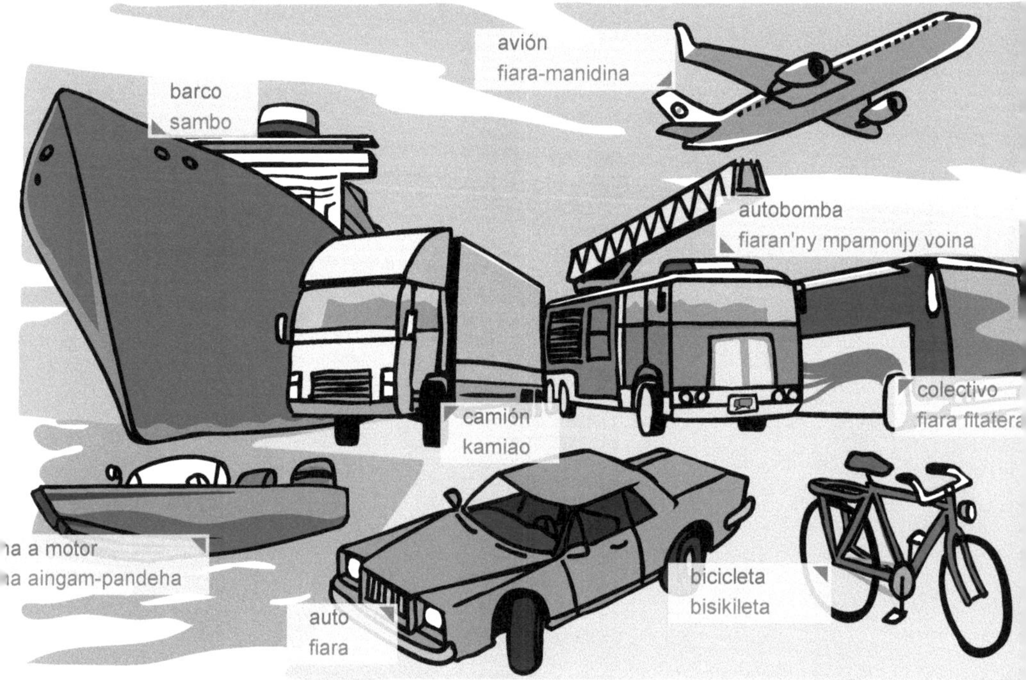

avión
fiara-manidina
barco
sambo
autobomba
fiaran'ny mpamonjy voina
colectivo
fiara fitatera
camión
kamiao
a a motor
a aingam-pandeha
bicicleta
bisikileta
auto
fiara

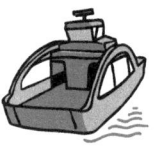

ferry
sambobe

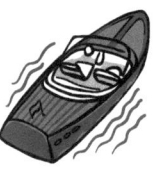

bote
sambo

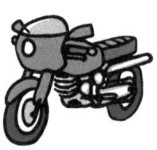

moto
môtô

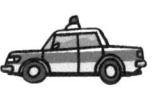

patrullero
fiaran'ny polisy

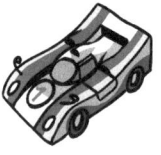

auto de carreras
fiara mpihazakazaka

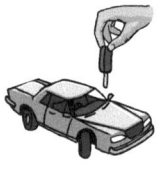

auto de alquiler
fiara fanofa

alquiler de autos

zara fiara

grúa

fiara etsy babeko

camión de basura

fiara mpitatitra fako

motor

môtera

nafta

solika

estación de servicio

tobin-tsolika

señal de tránsito

tondro fifamoivoizana

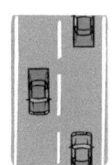

tránsito

fifamoivoizana

embotellamiento

fitohanan'ny fifamoivoizana

estacionamiento

fitobian'ny fiara

estación de tren

fiantsonan'ny fiaran-dalamby

vías

lalamby

tren

fiaran-dalamby

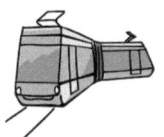

tranvía

tramway

vagón

kalesy

helicóptero

angidimby

aeropuerto

seranam-piaramanidina

torre

tilikambo

pasajero

mpandeha

contenedor

kaontenera

caja de cartón

baoritra

carretilla

chariot

canasta

harona

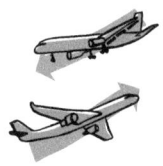

despegar / aterrizar

miainga / midina

ciudad

renivohitra

pueblo

ambanivohitra

centro de ciudad

afovoan-tanàna

casa

trano

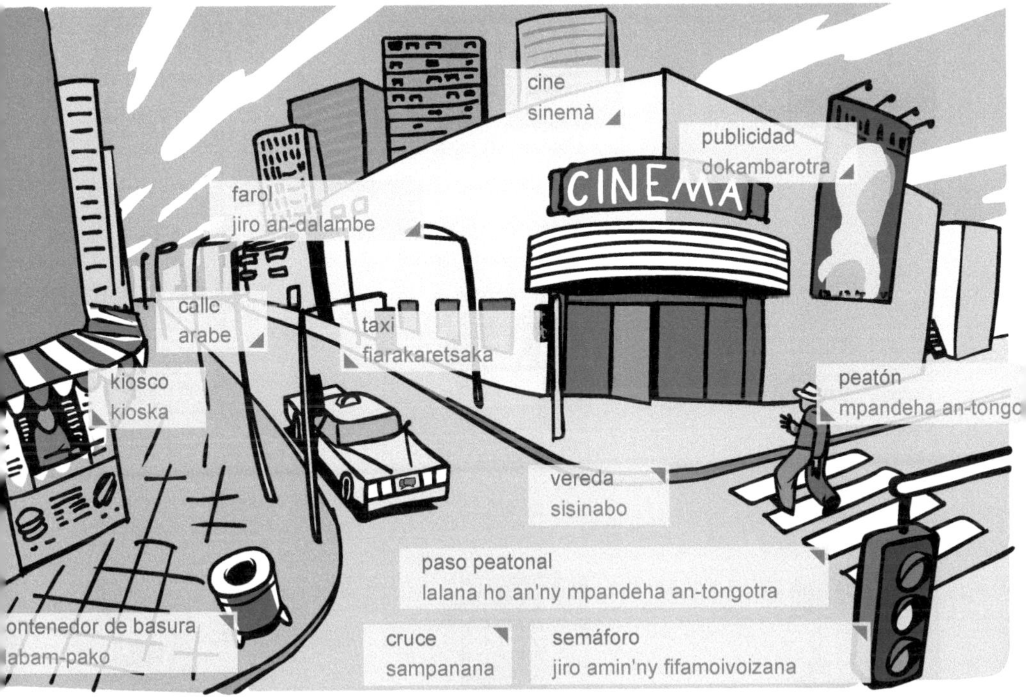

cine
sinemà

publicidad
dokambarotra

farol
jiro an-dalambe

calle
arabe

taxi
fiarakaretsaka

kiosco
kioska

CINEMA

peatón
mpandeha an-tongo

vereda
sisinabo

paso peatonal
lalana ho an'ny mpandeha an-tongotra

ontenedor de basura
abam-pako

cruce
sampanana

semáforo
jiro amin'ny fifamoivoizana

cabaña
trano bongo

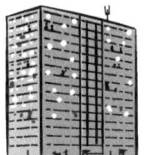

departamento
tranobe

estación de tren
fiantsonan'ny fiaran-
dalamby

municipalidad
firaisana

museo
donia

colegio
sekoly

universidad
oniversite

banco
banky

hospital
hopitaly

hotel
hôtely

farmacia
farmasia

oficina
birao

librería
fivarotam-boky

negocio
fivarotana

florería
mpivarotra voninkazo

supermercado
supermarché

mercado
tsena

grandes tiendas
tranobe fivarotana

pescadería
mpivarotra trondro

centro comercial
toeram-pivarotana lehibe

puerto
seranana

parque

valan-javaboary

banco

latabatra

puente

tetezana

escaleras

totohatra

subte

metrô

túnel

tonelina

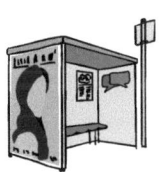

parada del colectivo

fiantsonan'ny fiara
mpitondra olona

bar

bara

restaurante

toeram-pisakafoanana

buzón

boatin-taratasy paositra

letrero

famantarana an-arabe

parquímetro

parcmètre

zoológico

valan-javaboary

pileta

dobo filomanosana

mezquita

moskea

granja
toeram-pambolena

contaminación
loto

cementerio
fasana

iglesia
trano fiangonana

juegos infantiles
tokontany filalaovana

templo
tempoly

paisaje
endritany

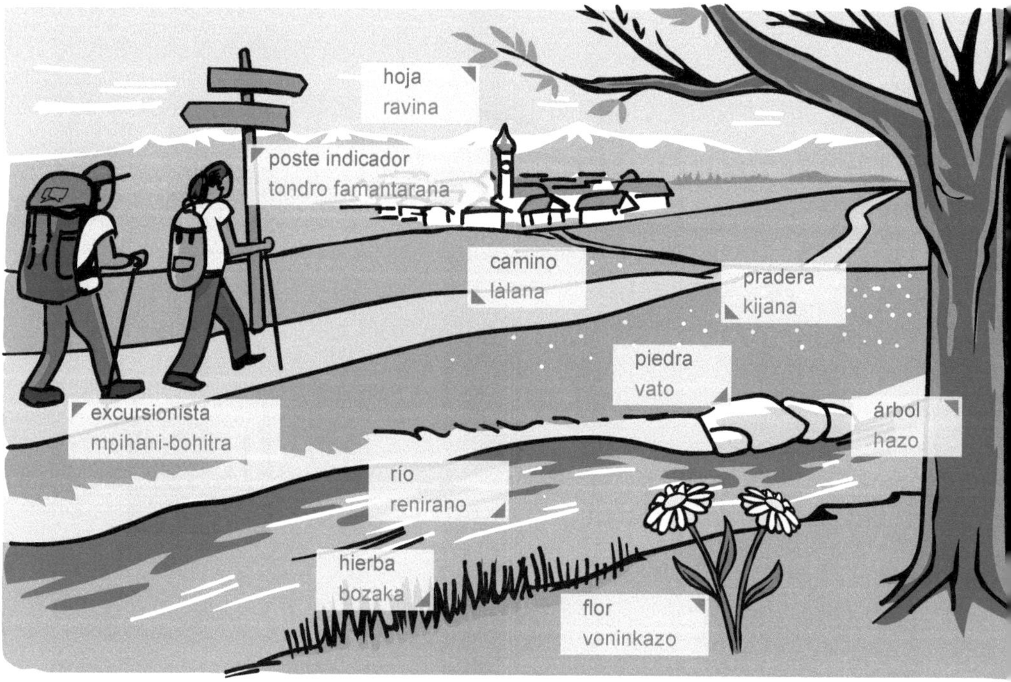

hoja
ravina

poste indicador
tondro famantarana

camino
làlana

pradera
kijana

piedra
vato

excursionista
mpihani-bohitra

árbol
hazo

río
renirano

hierba
bozaka

flor
voninkazo

valle
lemaka

montaña
vohitra

lago
laka

bosque
ala

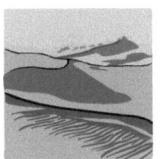

desierto
tany hay

volcán
volkano

castillo
rova

arco iris
avana

champiñón
holatra

palmera
hazom-boanio

mosquito
moka

mosca
lalitra

hormiga
vitsika

abeja
tantely

araña
hala

escarabajo

voangory

rana

sahona

ardilla

vontsira

erizo

trandraka

liebre

bitro

lechuza

vorondolo

pájaro

vorona

cisne

gisabe

jabalí

lambo

ciervo

cerf

alce

voalavo

presa

toha-drano

aerogenerador

helisy ahodin-drivotra

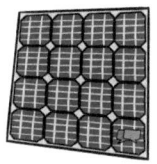

panel solar

takela-masoandro

clima

toetr'andro

restaurante
toeram-pisakafoanana

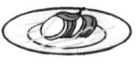

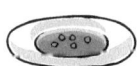

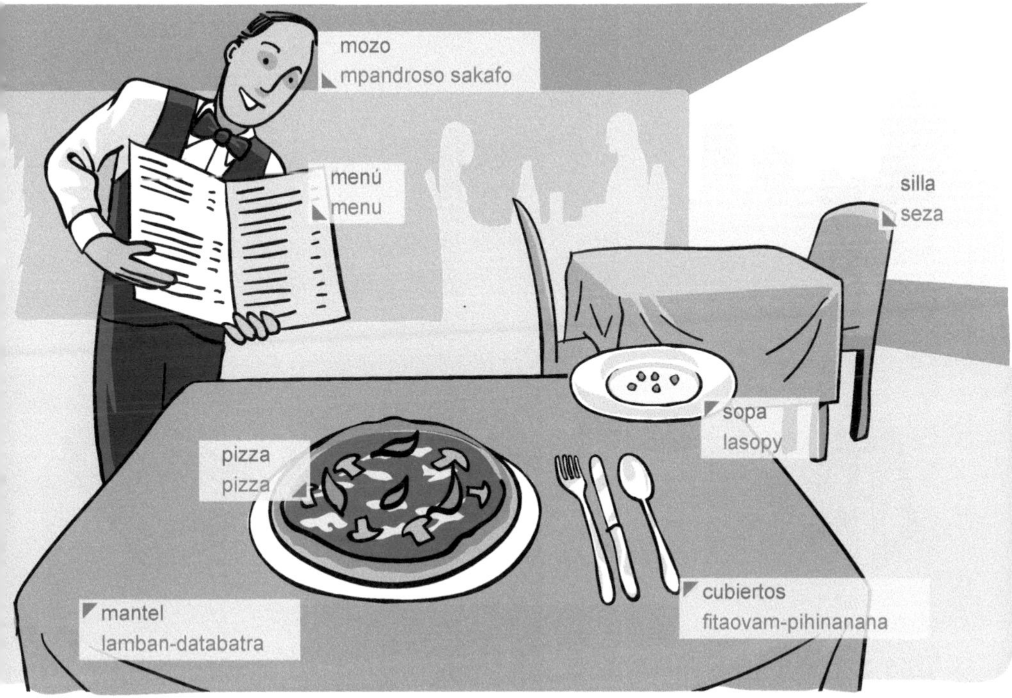
mozo
mpandroso sakafo
menú
menu
silla
seza
sopa
lasopy
pizza
pizza
mantel
lamban-databatra
cubiertos
fitaovam-pihinanana

entrada

entrée

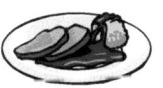

plato principal

sakafo fototra

postre

desera

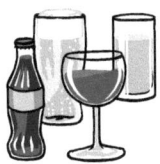

bebidas

zava-pisotro

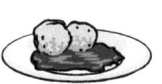

comida

sakafo

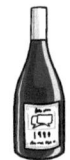

botella

tavoahangy

comida rápida

fast food

comida callejera

sakafo an-dalambe

tetera

fitoerana dite

azucarera

fitoeran-tsiramamy

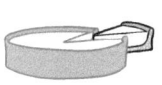

porción

singany

cafetera expreso

milina espresso

sillita alta

seza avo

cuenta

faktiora

bandeja

lovia fandrosoana sakafo

cuchillo

antsy

tenedor

sotrorovitra

cuchara

sotro

cucharita

sotrokely

servilleta

servieta

vaso

vera

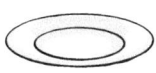

plato
vilia

plato hondo
vilian-dasopy

plato
vilia bory

salsa
saosy

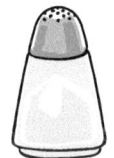

salero
fitoeran-tsira

molinillo de pimienta
milina dipoavatra

vinagre
vinaingitra

aceite
solika

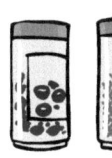

especias
zava-manitra

kétchup
ketchup

mostaza
voan-tsinapy

mayonesa
maionezy

supermercado
supermarché

oferta especial
fihenam-bidy
FOR
cliente
mpividy
lácteos
sakafo avy amin'ny ronono
fruta
voankazo
changuito
chariot

BUTCHERS

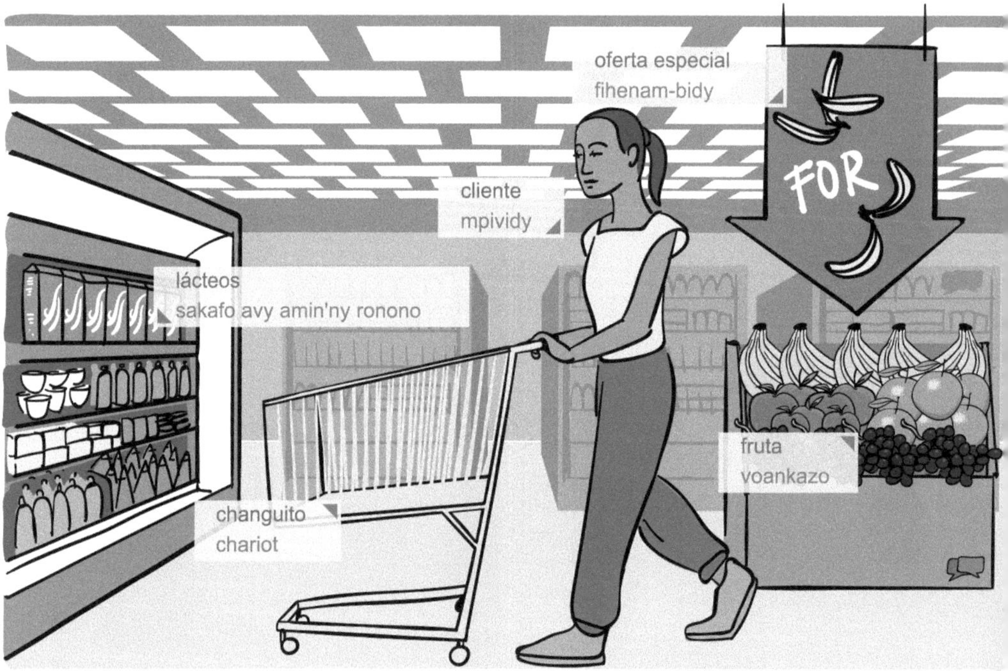

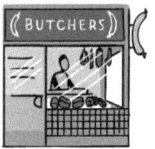

carnicería

mpivaro-kena

BAKERY

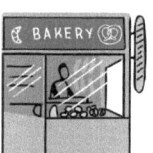

panadería

mpivarotra mofo

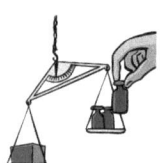

pesar

mandanja

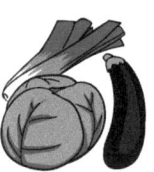

verduras

legioma

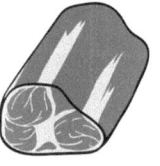

carne

hena

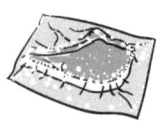

alimentos congelados

sakafo nampangatsiahana

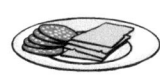

fiambres

hena voahendy

alimentos enlatados

sakafo am-by fotsy

detergente en polvo

vovon-tsavony

golosinas

vatomamy

electrodomésticos

fitaovana an-tokatrano

productos de limpieza

fitaovana fanadiovana

vendedora

mpivarotra

caja

toerana fandoavam-bola

cajero

mpandray vola

lista de compras

lisitry ny zavatra vidiana

horario de atención

ora fiasana

billetera

portefeuille

tarjeta de crédito

fahana amin'ny karatra

cartera

harona

bolsa de plástico

harona plastika

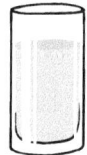

agua

rano

jugo

ranom-boankazo

leche

ronono

bebida cola

coca

vino

divay

cerveza

labiera

alcohol

toaka

cacao

sôkôlà mafana

té

dite

café

kafe

café expreso

espresso

cappuccino

cappuccino

banana

akondro

manzana

paoma

naranja

laoranjy

melón

voatango

limón

voasarimakirana

zanahoria

karaoty

ajo

tongolo gasy

bambú

volobe

cebolla

tongolo

champiñón

holatra

nueces

voamaina

fideos

paty

tallarines

spaghetti

arroz

vary

ensalada

salady

papas fritas

ovy frity

papas fritas

ovy voaendy

pizza

pizza

hamburguesa

hamburger

sándwich

sandwich

churrasco

didin-kena

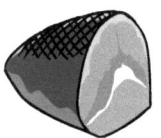

jamón

lambo sira

salame

salami

salchicha

saosisy

pollo

akoho

asado

hena mendy

pescado

trondro

copos de avena

varin-tsoavaly

muesli

muesli

copos de maíz

cornflakes

harina

lafarinina

medialuna

croissant

pancito

mofodipaina kely

pan

mofo

tostada

mofo natono

galletitas

bisky

manteca

dobera

cuajada

fromazy fotsy

torta

mofomamy

huevo

atody

huevo frito

atody nendasina

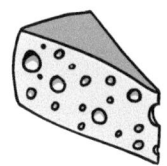

queso

fromazy

comida - sakafo

helado

lagilasy

azúcar

siramamy

miel

tantely

mermelada

kaonfitira

pasta de chocolate

crème nougat

curry

curry

comida - sakafo

granja
toeram-pambolena

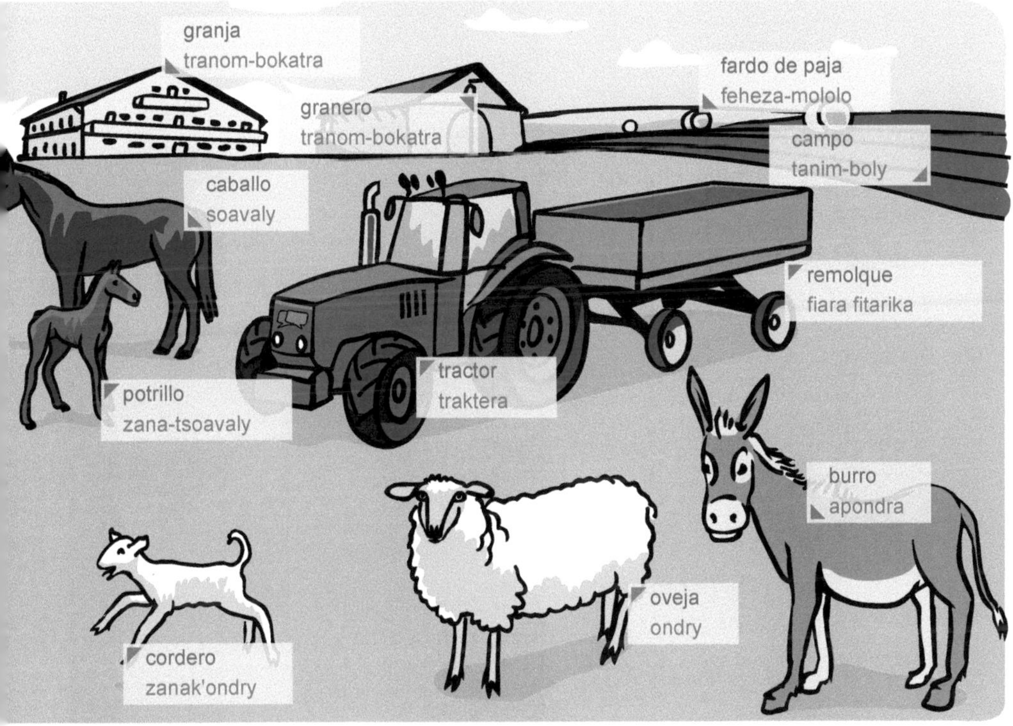

granja
tranom-bokatra
granero
tranom-bokatra
fardo de paja
feheza-mololo
campo
tanim-boly
caballo
soavaly
remolque
fiara fitarika
potrillo
zana-tsoavaly
tractor
traktera
burro
apondra
oveja
ondry
cordero
zanak'ondry

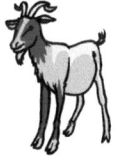

cabra

osy

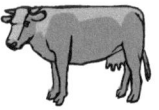

vaca

omby vavy

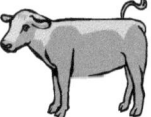

ternero

omby

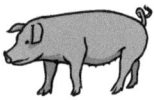

cerdo

kisoa

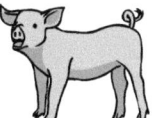

lechón

zana-kisoa

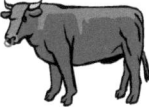

toro

omby

ganso

gisa

pato

gana

pollo

zanak'akoho

gallina

akoho vavy

gallo

akoho lahy

rata

voalavo

gato

saka

ratón

voalavo tondro

buey

omby

perro

alika

cucha

tranon'alika

manguera

fantsona fanondrahana rano

regadera

fanondrahana

guadaña

antsy biloka

arado

angadin'omby

hoz

antsim-bilona

azada

antsetra

horquilla

farango vy

hacha

famaky

carretilla

borety

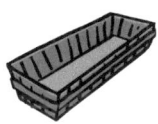

abrevadero

dababe

lechera

boatin-dronono

bolsa

harona

reja

fefy

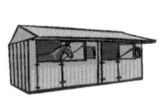

establo

tranom-biby

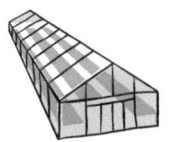

invernadero

talatalan-jaridaina

suelo

tany

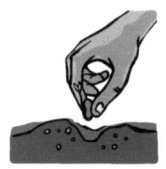

semilla

ambeoka

fertilizador

zezika

cosechadora

milina mpijinja vokatra

cosechar

vokatra

cosecha

vokatra

batatas

saonjo

trigo

varimbazaha

soja

saozaha

papa

ovy

maíz

katsaka

semilla de colza

colza

árbol frutal

hazo fihinam-boa

mandioca

mangahazo

cereales

voamadinika

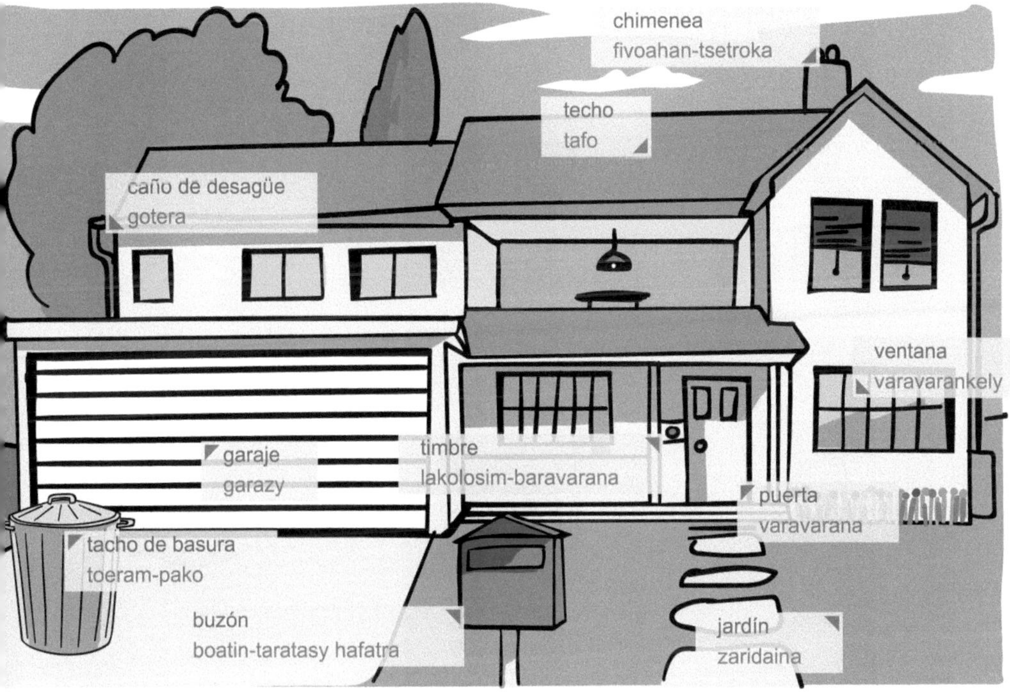

chimenea
fivoahan-tsetroka

techo
tafo

caño de desagüe
gotera

ventana
varavarankely

garaje
garazy

timbre
lakolosim-baravarana

puerta
varavarana

tacho de basura
toeram-pako

buzón
boatin-taratasy hafatra

jardín
zaridaina

living

efitra fandraisam-bahiny

baño

efitra fandroana

cocina

lakozia

dormitorio

efitra fatoriana

cuarto de los chicos

efitranon'ny ankizy

comedor

efi-trano fisakafoanana

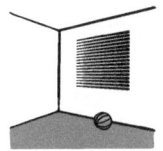

piso

tany

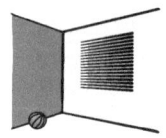

pared

rindrina

cielorraso

valindrihana

sótano

lakavy

sauna

sauna

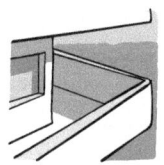

balcón

tsimahalavo

terraza

lavarangana

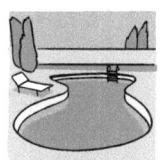

pileta

dobo filomanosana

cortadora de pasto

mpanapaka bozaka

sábana

lambam-pandriana

acolchado

koety

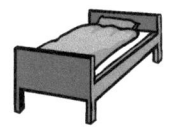

cama

fandriana

escoba

kifafa

balde

sô

interruptor

interrupteur

living
efitra fandraisam-bahiny

empapelado
sary apetaka
imagen
sary
lámpara
lampy
estante
talantalana
armario
lalimoara
televisión
fahitalavitra
chimenea
anjorinafo
flor
voninkazo
almohadón
lafika
sofá
sofà
florero
vazy
control remoto
telekaomandy

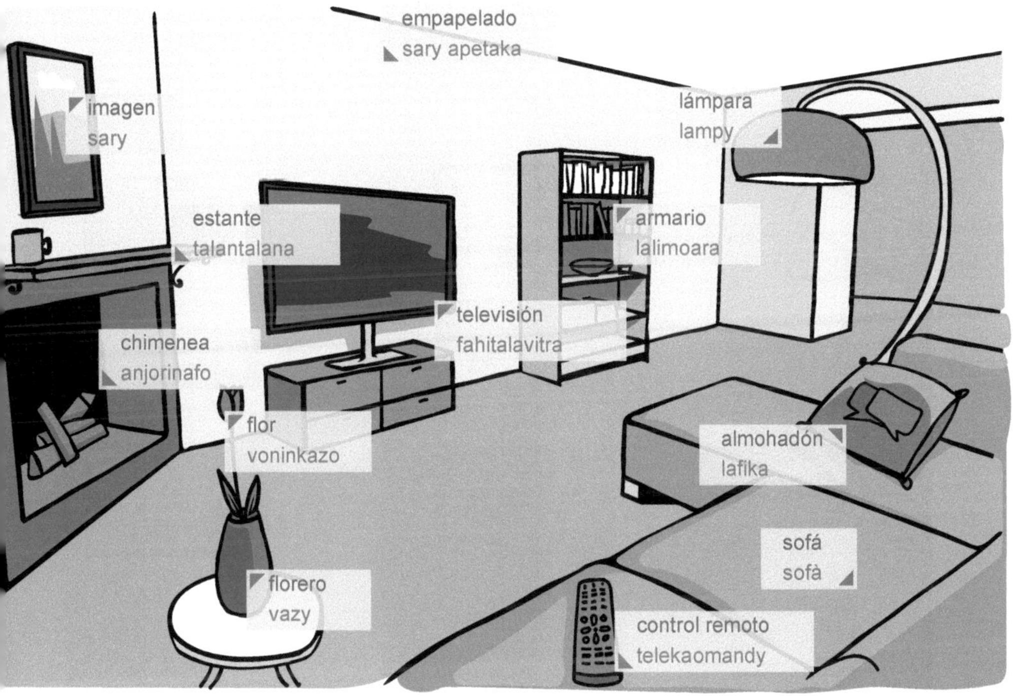

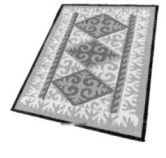

alfombra

tapis

cortina

takom-baravarana

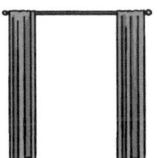

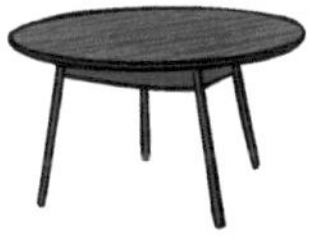

mesa

latabatra

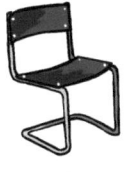

silla

seza

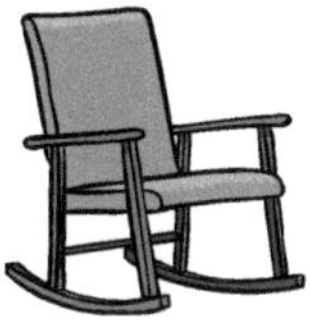

mecedora

seza savily

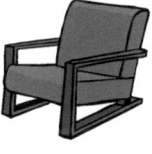

sillón

seza mihaja

libro
boky

frazada
lamba firakotra

decoración
asa fandravahana

leña
hazo fandrehitra

película
horonantsary

equipo de música
fitaovana hi-fi

llave
fanalahidy

diario
gazety

pintura
loko

póster
sary famantarana

radio
radio

cuaderno
kahie fanao tadidy

aspiradora
aspiratera

cactus
raketa

vela
labozia

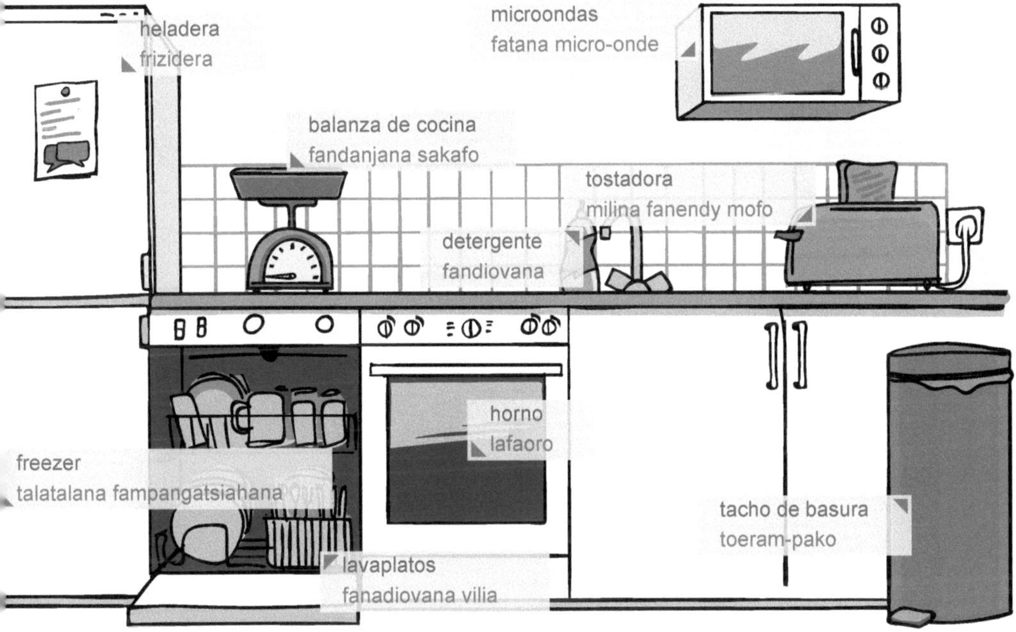

heladera
frizidera

microondas
fatana micro-onde

balanza de cocina
fandanjana sakafo

tostadora
milina fanendy mofo

detergente
fandiovana

horno
lafaoro

freezer
talatalana fampangatsiahana

tacho de basura
toeram-pako

lavaplatos
fanadiovana vilia

cocina
lafaoro

olla
vilany

olla de hierro fundido
vilany vy

wok
wok / kadai

sartén
lapoaly

pava
fitaovana fampangotrahana
rano

vaporera

vilany mandeha entona

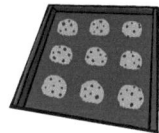

bandeja de horno

lovia fisaka

vajilla

fitaovan-dakozia

taza

zinga

bol

vilia baolina

palitos

hazokely fihinanana

cucharón

sotrobe lavatango

estpátula

spatule

batidora

fanakapohana atody

colador

fanatantavanana

colador

lovia sivana

rallador

fanakikisana

mortero

laona

parrilla

kiendiendy

fogata

fivoahan'ny setroka

cocina - lakozia

tabla de picar

akalana fitetehana

palo de amasar

kodia fandamàna koba

sacacorchos

fisontonana bosoa

lata

boaty

abrelatas

fanokafana boaty

manopla

fitazomana vilany

pileta

lavabô

cepillo

borosy

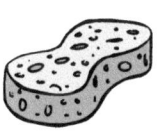

esponja

spaonjy

batidora

miksera

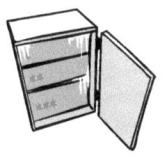

congelador

fitaovana fampangatsiahana

mamadera

tavoahanginono

canilla

paompy

baño

efitra fandroana

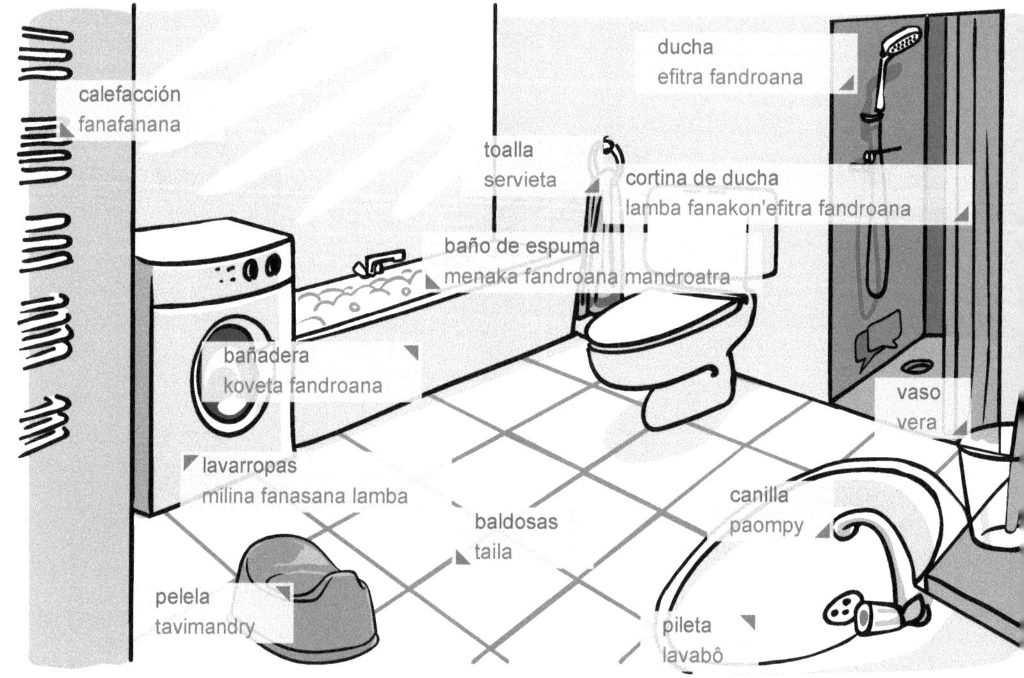
calefacción
fanafanana
toalla
servieta
ducha
efitra fandroana
cortina de ducha
lamba fanakon'efitra fandroana
baño de espuma
menaka fandroana mandroatra
bañadera
koveta fandroana
vaso
vera
lavarropas
milina fanasana lamba
canilla
paompy
baldosas
taila
pelela
tavimandry
pileta
lavabô

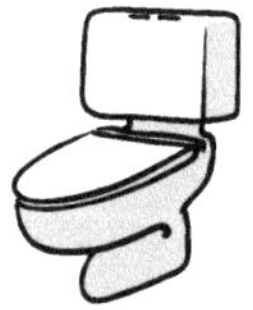

inodoro

efitrano fidiovana

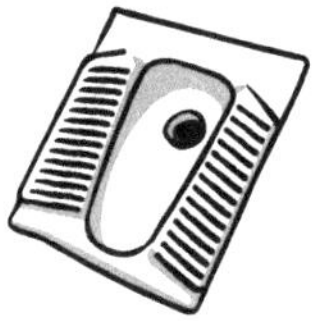

letrina

kabone mitsingo

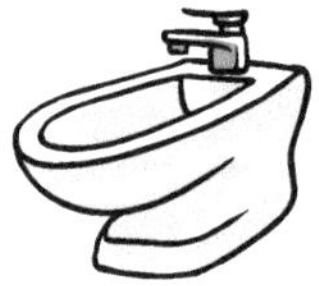

bidé

bidet

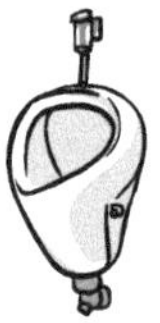

mingitorio

fipipizana

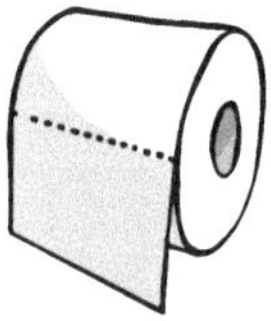

papel higiénico

taratasy fidiovana

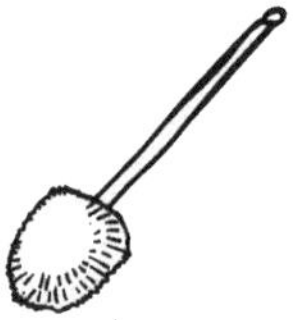

cepillo para el inodoro

borosy fampiasa an-kabone

cepillo de dientes

borosinify

dentífrico

famotsia-nify

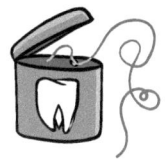

hilo dental

kofehy fanadiova-nify

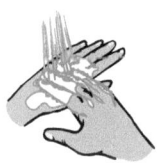

lavar

manasa

ducha de mano

fisaika enti-tànana

ducha higiénica

fanadiovana fivaviana

palangana

kovetabe

cepillo para espalda

borosin-damosina

jabón

savony

gel de ducha

l fampiasa rehefa misaika

shampoo

shampoo

toallita

fonon-tànana enti-misaika

desagüe

tsiranoka

crema

crème fanosotra

desodorante

fanalana fofona

espejo

fitaratra

espejito

fitaratra fihaingo

maquinita de afeitar

hareza

espuma de afeitar

raotra fiharatra

aftershave

menaka haratra

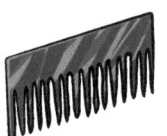

peine

fiogo

cepillo

borosy

secador de pelo

fitaovana fanamainam-bolo

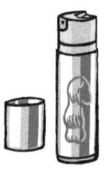

spray

atsifotra amin'ny volo

maquillaje

fikarakarana tarehy

lápiz de labios

lokomena

esmalte para uñas

haingo hoho

algodón

vohavohan-dandihazo

tijera para uñas

fanapahana hoho

perfume

ranomanitra

portacosméticos

fitoerana fitaovana an-kabone

banqueta

sezabory

balanza

fandanjana olona

bata

akanjo enti-matory

guantes de goma

fonon-tànana enti-manadio

tampón

servieta fanary

toallita femenina

amba fampiasa amin'ny fadimbolana

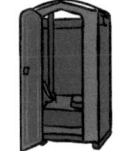

baño químico

kabone simika

cuarto de los chicos

efitranon'ny ankizy

despertador
famohamandry
peluche
saribakoly
coche de juguete
fiara kilalao
sonajero
korintsana
casa de muñecas
tranon-tsaribakoly
regalo
fanomezana

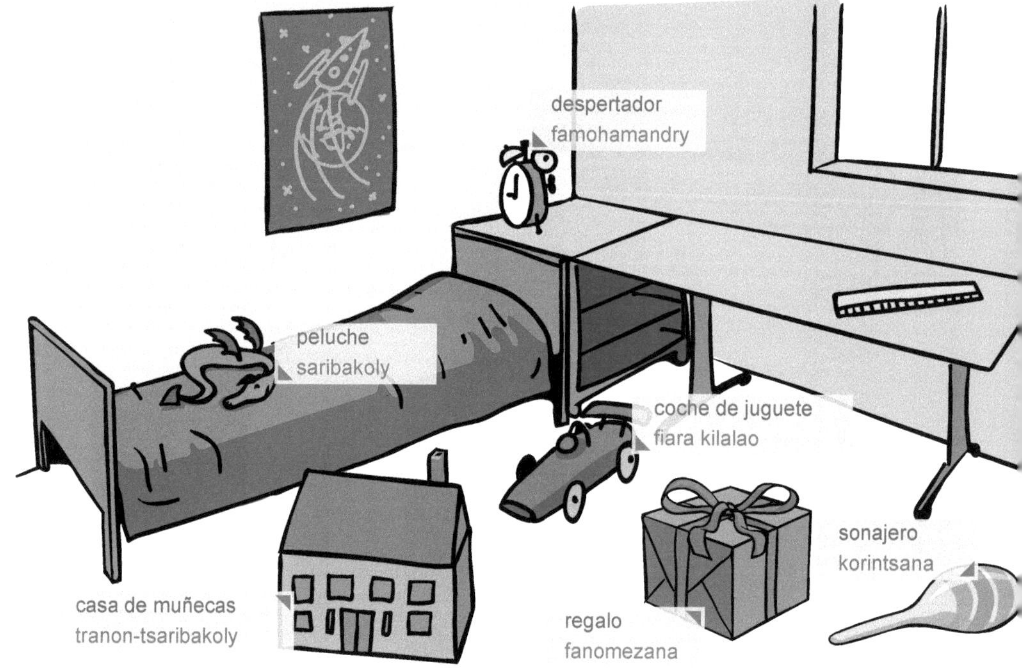

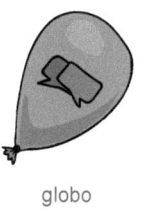

globo

balaonina

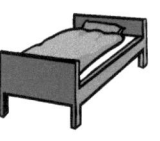

cama

fandriana

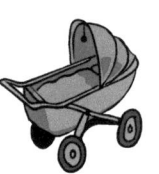

cochecito

posety

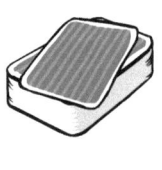

cartas

lalao karatra

rompecabezas

puzzle

SUPER MEGA

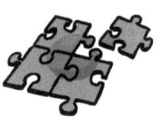

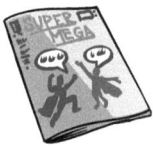

historieta

sariitatra

piezas de lego

lalao legô

ladrillos de juguete

kilalao fananganana trano

figura de acción

sarivongana kely

enterito (de bebé)

grenera

frisbee

Frisbee

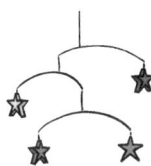

móvil para bebés

mobile

juego de mesa

jeu de société

dados

kodiakely

tren eléctrico

lamasinina kely

chupete

solonono

fiesta

fety

libro de cuentos ilustrado

boky feno sary

pelota

baolina

muñeca

saribakoly

jugar

milalao

arenero

kovetam-pasika

hamaca

savily

juguetes

kilalao

consola de videojuegos

kilalao video

triciclo

tricycle

osito de peluche

teddy orsa

armario

fitoeran'akanjo

ropa
akanjo

medias

bà kiraro

medias panty

bàn-tongotra

calzas

akanjo manara-batana

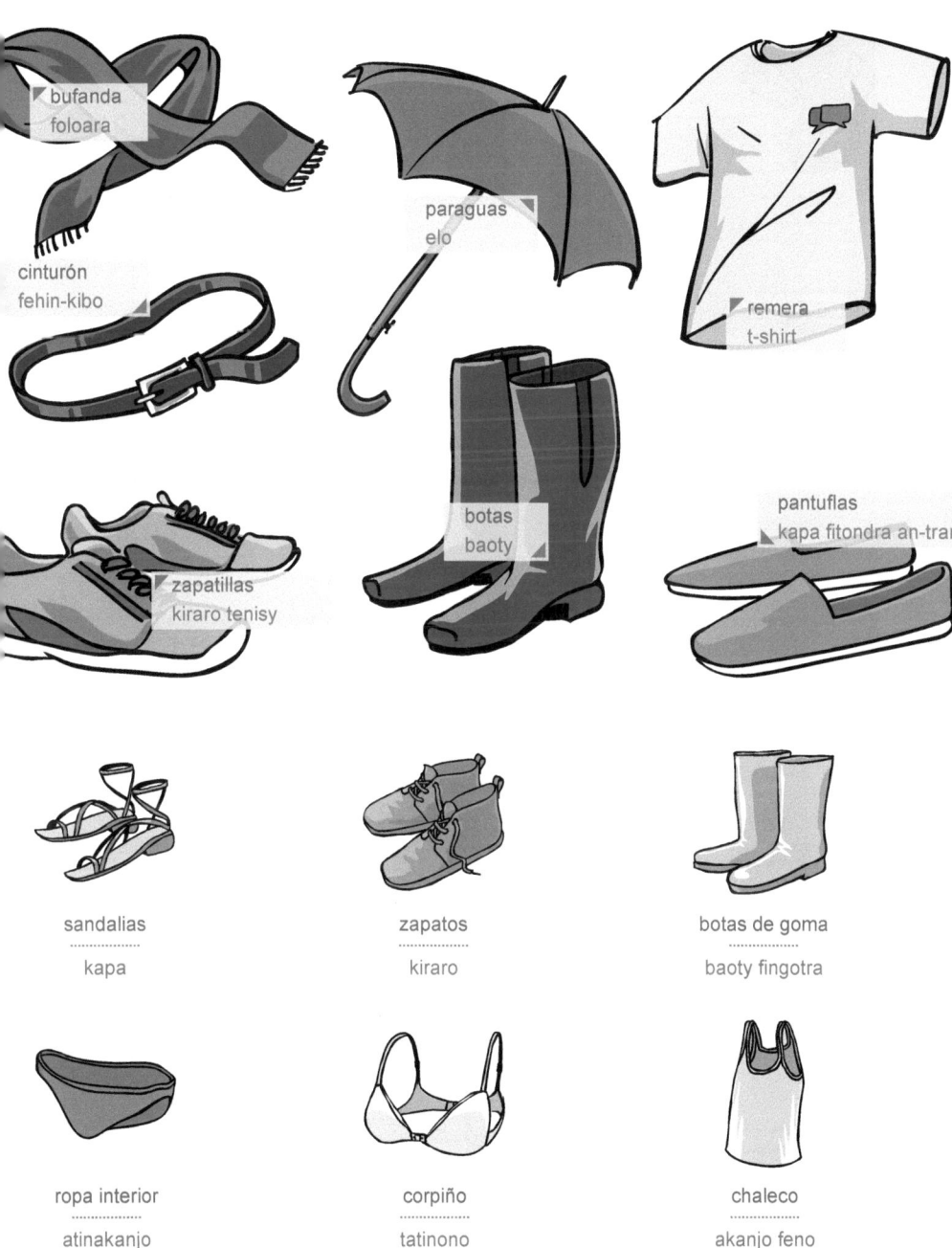

bufanda
foloara

cinturón
fehin-kibo

paraguas
elo

remera
t-shirt

botas
baoty

pantuflas
kapa fitondra an-trano

zapatillas
kiraro tenisy

sandalias
kapa

zapatos
kiraro

botas de goma
baoty fingotra

ropa interior
atinakanjo

corpiño
tatinono

chaleco
akanjo feno

ropa - akanjo

body
vatana

pantalones
pataloha

jeans
jean

pollera
zipo

blusa
akanjo ambony

camisa
lobaka

pulóver
pull

buzo
akanjo sarotro

blazer
palitao

campera
palitao

tapado
palitao

piloto
akanjo aro-orana

traje
akanjo fianjaika

vestido
fitafim-behivavy

vestido de novia
akanjon'ny ampakarina

traje

akanjo fianjaika

camisón

akanjo-mandry

pijama

pijamà

sari

sari

pañuelo para cabeza

sarondoha

turbante

turban

burka

burqa

caftán

kaftan

abaya

abaya

traje de baño

kanjo fitondra milomano

short de baño

akanjo fitondra milomano

shorts

pataloha fohy

jogging

akanjo fitena

delantal

tablie

guantes

fonon-tànana

botón

bokotra

anteojos

solomaso

pulsera

brasele

collar

rojo

anillo

peratra

aro

kavina

gorra

satroka

percha

fanantonana palitao

sombrero

satroka

corbata

fehivozo

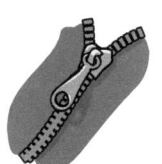

cierre

hidikorisa

casco

aroloha

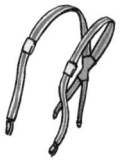

tiradores

beritelo

uniforme escolar

fanamian'ny mpianatra

uniforme

fanamiana

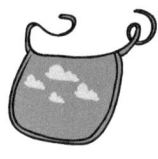

babero

bavoara

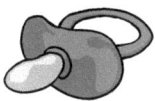

chupete

solonono

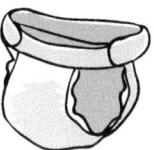

pañal

taty

oficina
birao

servidor
serveur
archivero
lalimoara fitahirizana
impresora
mpanao pirinty
monitor
efijoro
papel
taratasy
mouse
voalavo tondro
escritorio
latabatra
carpeta
klasera
teclado
klavie
tacho (de basura)
fanariana fako taratasy
silla
seza
computadora
solosaina

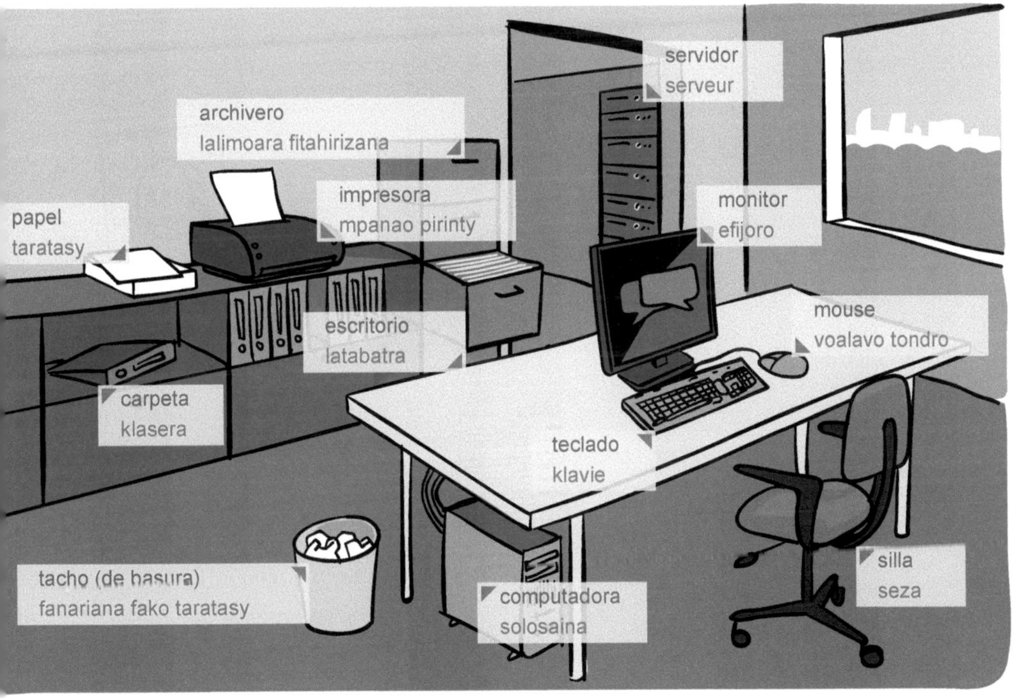

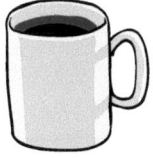

taza de café

kaopin-kafe

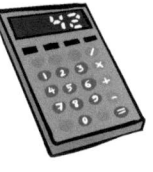

calculadora

mpikajy

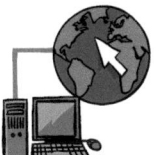

internet

aterineto

laptop

solosaina maivana

carta

taratasy

mensaje

hafatra

celular

mobile

red

tambajotra

fotocopiadora

imprimante

software

rindrambaiko

teléfono

finday

tomacorriente

prizy

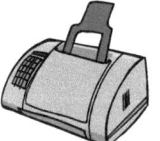

fax

fax

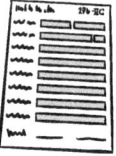

formulario

efitra fenoina

documento

fehezan-taratasy

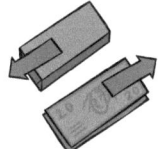

comprar

mividy

pagar

mandoa vola

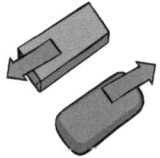

hacer negocios

misera

dinero

vola

USD

dólar

dôlara

EUR

euro

euro

JPY

yen

yen

RUB

rublo

rouble

CHF

franco suizo

Franc suisse

CNY

yuan

renminbi yuan

INR

rupia

roupie

cajero automático

fangalàna vola

casa de cambio	oro	plata
toerana fanakalozana vola	volamena	volafotsy

petróleo	energía	precio
solika	angovo	vidiny
		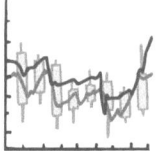
contrato	impuesto	acción
fifanekena	hetra	action borsa

trabajar	empleado	empleador
miasa	mpiasa	mpampiasa

fábrica	negocio	
orinasa	fivarotana	

policía
mpitandro filaminana

bombero
mpamonjy voina

cocinero
mahandro

médico
dokotera

piloto
mpanamory

jardinero

mpikarakara zaridaina

carpintero

mpandrafitra

modista

vehivavy mpanjaitra

juez

mpitsara

farmacéutico

mpahay simia

actor

mpilalao sarimihetsika

colectivero

mpamily fiara fitateram-
bahoaka

taxista

mpamily fiarakaretsaka

pescador

mpanjono

mucama

vehivavy mpanadio

techista

mpanao tafo

mozo

mpandroso sakafo

cazador

mpihaza

pintor

mpandoko

panadero

mpanao mofo

electricista

elektrisianina

albañil

mpanao trano

ingeniero

injeniera

carnicero

mivaro-kena

plomero

plombier

cartero

faktera

soldado

miaramila

arquitecto

mpanao mari-trano

cajero

mpandray vola

florista

mpivarotra voninkazo

peluquero

mpanao volo

cobrador

mpizara tapakila

mecánico

mpahay mekanika

capitán

kapiteny

dentista

mpitsabo nify

científioo

siantifika

rabino

raby

imán

imam

monje

moanina

sacerdote

pretra

herramientas
fitaovana

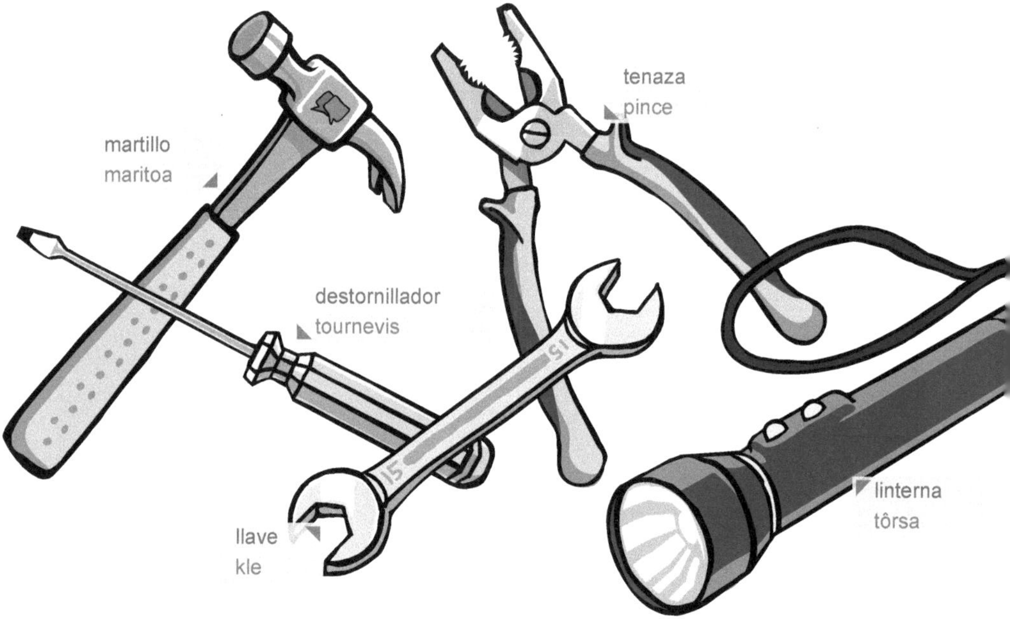

martillo
maritoa
tenaza
pince
destornillador
tournevis
llave
kle
linterna
tôrsa

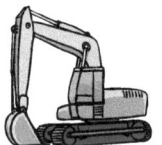

excavadora

pelleteuse

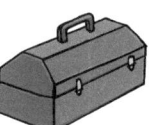

caja de herramientas

boaty fanisy fitaovana

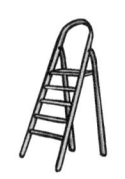

escalera portátil

tohatra

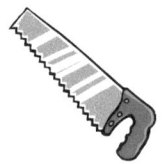

sierra

tsofa

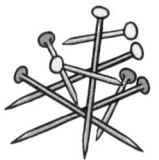

clavos

fantsika

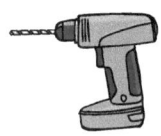

taladro

perceuse

arreglar

manarina

pala de jardín

lapela

¡Qué bronca!

Kyy!

pala de plástico

angadim-pako

tacho de pintura

boatin-doko

tornillos

visy

instrumentos musicales
zava-maneno

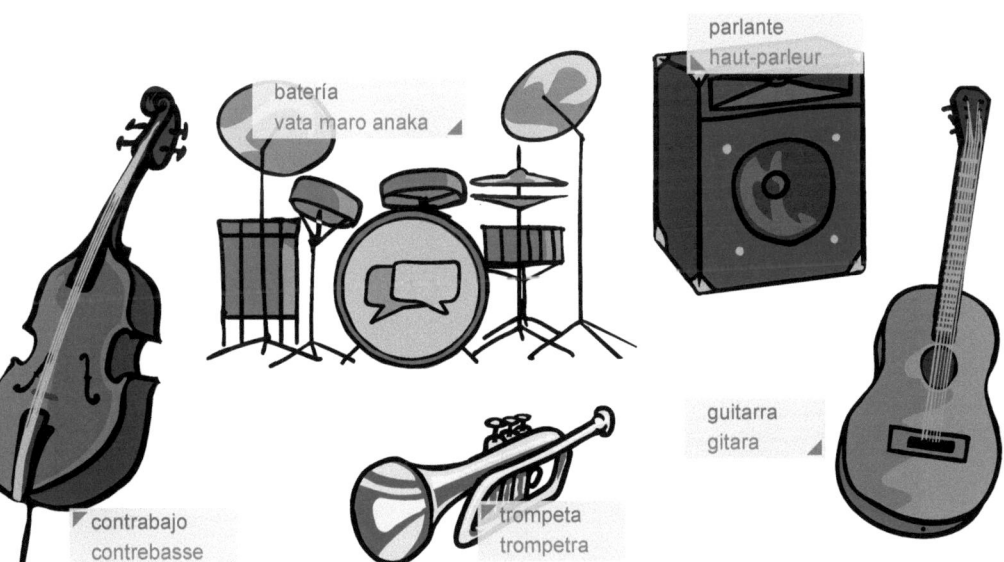

parlante
haut-parleur

batería
vata maro anaka

contrabajo
contrebasse

trompeta
trompetra

guitarra
gitara

piano
vata maro afitsoka

violín
lokanga

bajo
basse

timbales
amponga timpani

tambor
aponga

teclado
klavie

saxofón
saksa

flauta
sodina

micrófono
mikrao

zoológico

valan-javaboary

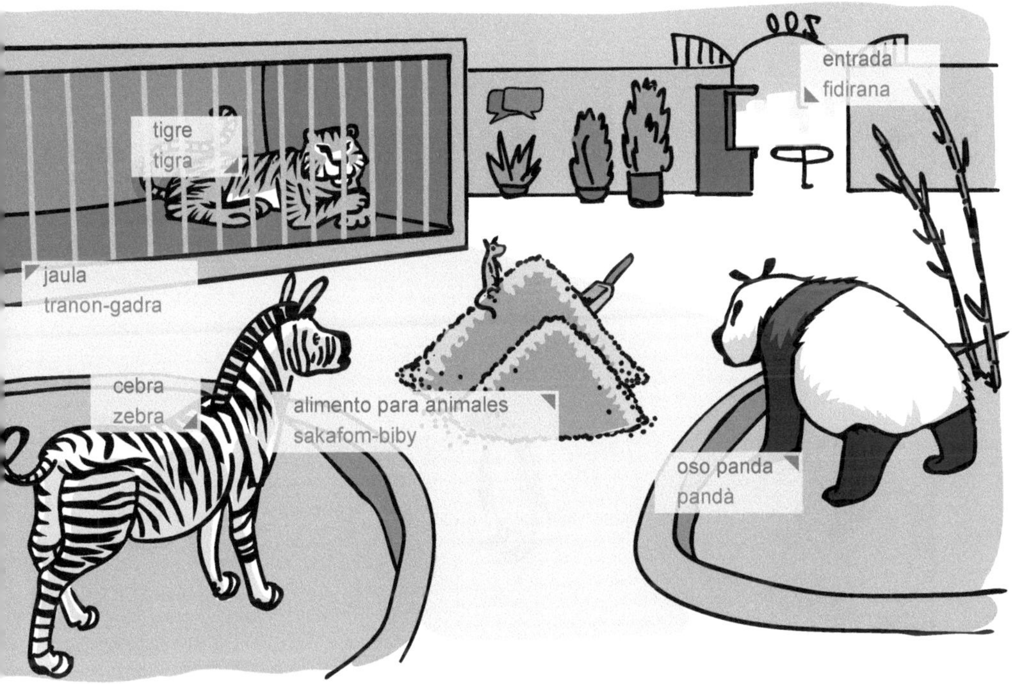

zoo
entrada
fidirana
tigre
tigra
jaula
tranon-gadra
cebra
zebra
alimento para animales
sakafom-biby
oso panda
pandà

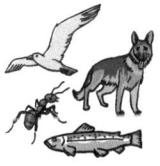

animales
biby

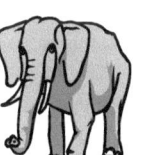

elefante
elefanta

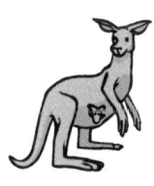

canguro
kangoroa

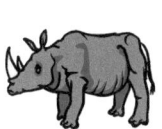

rinoceronte
rinôserôsy

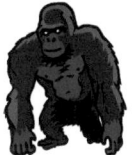

gorila
gôrila

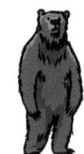

oso
orsa

camello

rameva

avestruz

aotrisy

león

liona

mono

rajako

flamenco

sama

loro

boloky

oso polar

orsa polera

pingüino

pengoa

tiburón

atsantsa

pavo real

vorombola

serpiente

bibilava

cocodrilo

voay

cuidador del zoológico

mpiandry valan-javaboary

foca

fôko

jaguar

jagoara

poni
poney

leopardo
leopara

hipopótamo
hipôpôtamo

jirafa
zirafa

águila
voromahery

jabalí
lambo

pescado
trondro

tortuga
sokatra

morsa
môrsa

zorro
renard

gacela
gazely

fútbol americano
Football amerikana

ciclismo
hazakazaka am-bisikileta

tenis
tennis

básquet
baskety

natación
lomano

hockey sobre hielo
hockey an-dranomand

boxeo
boxe

fútbol
baolina kitra

bádminton
badminton

atletismo
atletisma

handball
handball

esquí
ski

polo
polo

reír
mihomehy

ar
sambikina

abrazar
mamihina

caminar
mandeha

cantar
mihira

soñar
manonofy

rezar
mivavaka

besar
manoroka

escribir
manoratra

dibujar
manao sary

mostrar
maneho

presionar
manosika

dar
manome

tomar
mandray

tener

manana

hacer

manao

ser

mizovy

estar parado

mijoro

correr

mihazakazaka

tirar

misintona

tirar

manary

caer

lavo

estar acostado

mandry

esperar

miandry

llevar

mitondra

estar sentado

mipetraka

vestirse

miakanjo

dormir

matory

despertar

mifoha

mirar

mijery

llorar

mitomany

acariciar

fahatapahan'ny lalan-dra

peinar

fiogo

hablar

miresaka

entender

mahay

preguntar

milaza

escuchar

mihaino

beber

misotro

comer

mihinana

ordenar

mandamina

amar

mitia

cocinar

mahandro

manejar

mamily

volar

lalitra

navegar

miandriaka

calcular

mikajy

leer

mamaky

aprender

mianatra

trabajar

miasa

casarse

mivady

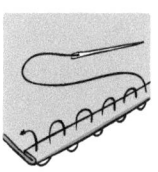

coser

manjaitra

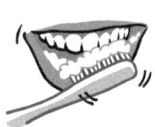

cepillarse los dientes

miborosy nify

matar

mamono

fumar

mifoka

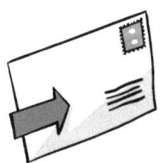

enviar

mandefa

abuela
renibe

abuelo
dadabe

padre
ray

madre
reny

bebé
zaza

hija
zanaka vavy

hijo
zanaka lahy

invitado

vahiny

tía

nenitoa

tío

dadatoa

hermano

rahalahy

hermana

rahavavy

cuerpo
vatana

frente
handrina
ojo
maso
hombro
soroka
dedo
rantsan-tànana
cara
tarehy
pera
saoka
mano
tànana
pierna
ranjo
pecho
nono
brazo
sandry

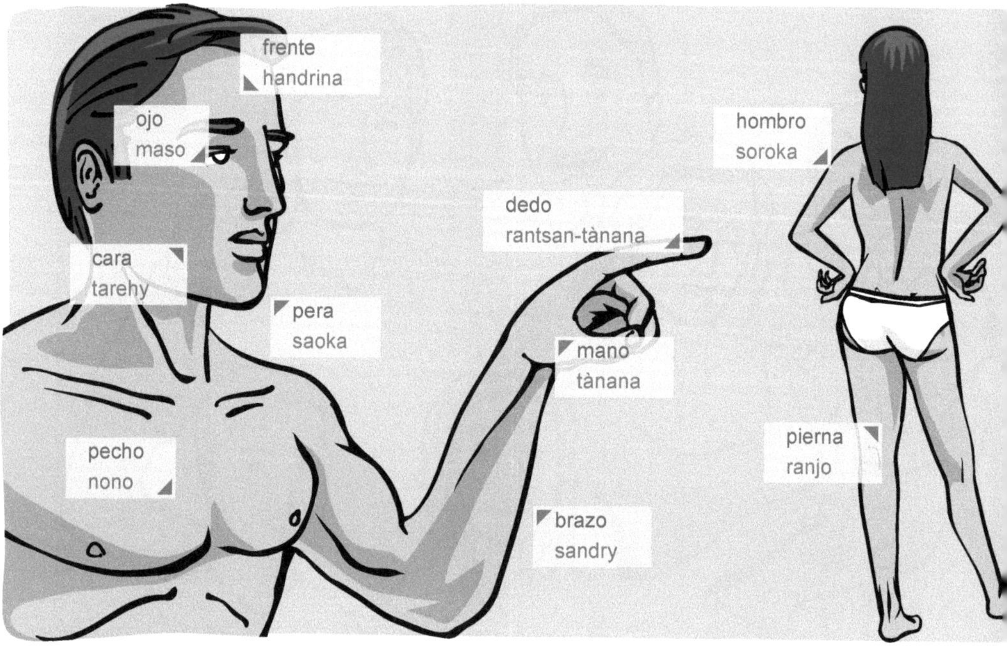

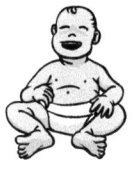

bebé

zaza

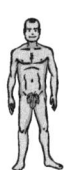

hombre

lehilahy

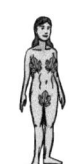

mujer

vehivavy

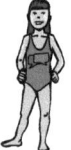

nena

vavy

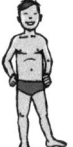

nene

lahy

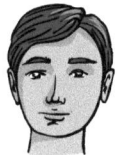

cabeza

loha

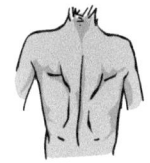

espalda

lamosina

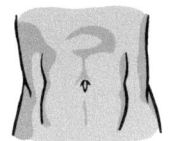

panza

kibo

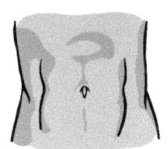

ombligo

foitra

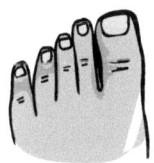

dedo del pie

rantsan-tongotra

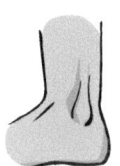

talón

voditongotra

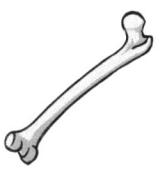

hueso

taolana

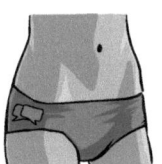

cadera

valahana

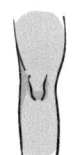

rodilla

lohalika

codo

kiho

nariz

orona

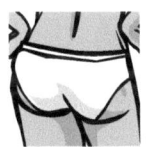

cola

vody

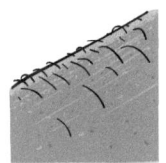

piel

hoditra

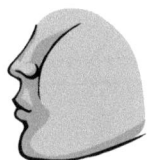

cachete

takolaka

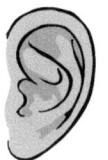

oreja

sofina

labio

molotra

boca

vava

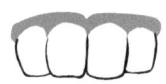

diente

nify

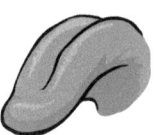

lengua

lela

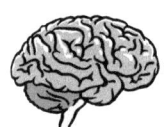

cerebro

saina

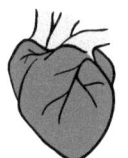

corazón

fo

músculo

ozatra

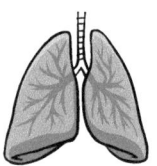

pulmón

havokavoka

hígado

aty

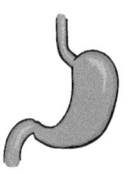

estómago

vavony

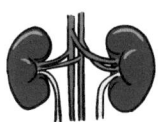

riñones

voa

sexo

firaisana ara-nofo

preservativo

fimailo

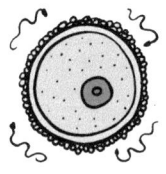

óvulo

tsirivavy

semen

ranonaina

embarazo

vohoka

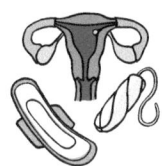

menstruación
fadimbolana

vagina
fivaviana

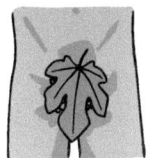

pene
filahiana

ceja
volomaso

pelo
volo

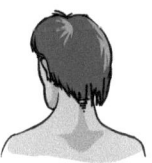

cuello
tenda

hospital
hopitaly

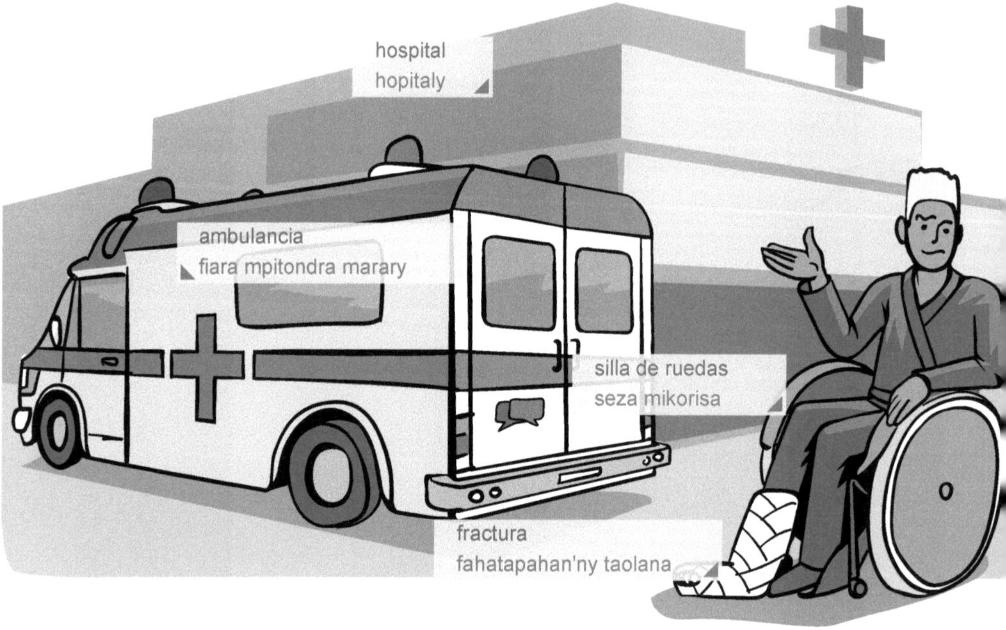

hospital
hopitaly
ambulancia
fiara mpitondra marary
silla de ruedas
seza mikorisa
fractura
fahatapahan'ny taolana

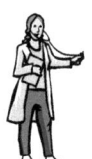

médico

dokotera

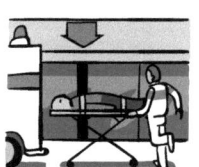

sala de guardia

efitra vonjy taitra

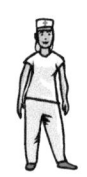

enfermera

mpitsabo mpanampy

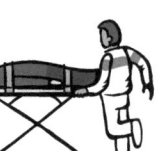

emergencia

vonjy taitra

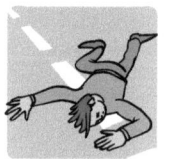

inconsciente

tsy mahatsiaro tena

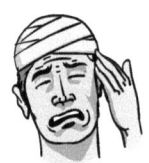

dolor

fanaintainana

lesión

faharatràna

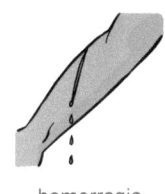

hemorragia

mandeha rà

infarto

aretim-po

ACV

hatapahan'ny lalan-dra

alergia

tsy fahazakana sakafo

tos

kohaka

fiebre

tazo

gripe

gripa

diarrea

fivalanana

dolor de cabeza

aretin'an-doha

cáncer

homamiadana

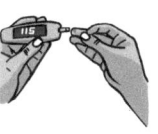

diabetes

diabeta

cirujano

dokotera mpandidy

bisturí

antsy fandidiana

operación

fandidiana

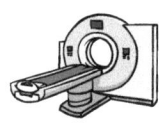

TC
TC

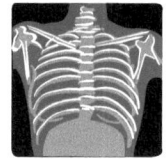

rayos x
taratra X

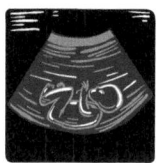

ecografía
ekôgrafia

barbijo
saron-tava

enfermedad
aretina

sala de espera
efitrano fiandrasana

muleta
tehina

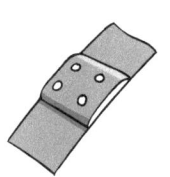

curita
taha fery

venda
bandy

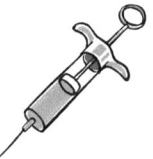

inyección
tsindrona

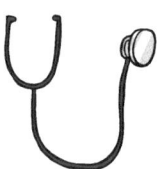

estetoscopio
stetoskopy

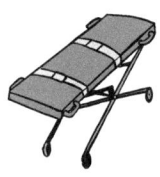

camilla
filanjana marary

termómetro
fitaovana fitsapana
hafanana

nacimiento
fahaterahana

sobrepeso
hatavezana tafahoatra

hospital - hopitaly

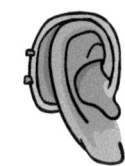

audífono

taovana fandrenesana

desinfectante

famonoana mikraoba

infección

fifindràna aretina

virus

viriosy

VIH / SIDA

VIH / SIDA

remedio

fitsaboana

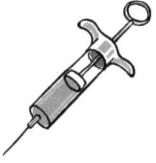

vacunación

vaksiny

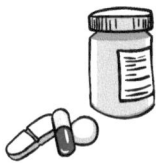

comprimidos

pilina

pastilla anticonceptiva

pilina

llamada de emergencia

antso vonjy taitra

tensiómetro

fitaovana fitsapana tosi-drà

enfermo / sano

marary / salama

¡Ayuda!

Vonjeo!

alarma

antso fanairana

agresión

herisetra

ataque

vono

peligro

loza

salida de emergencia

fivoahana raha misy loza

¡Fuego!

Afo!

matafuego

fitaovam-pamonoana afo

accidente

loza

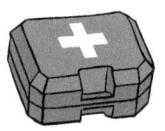

botiquín de primeros
auxilios

fitaovam-pitsaboana
vonjimaika

SOS

SOS

policía

pôlisy

Europa
....
Eoropa

América del Norte
....
Amerika avaratra

América del Sur
....
Amerika atsimo

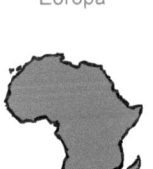

África
....
Afrika

Asia
....
Azia

Australia
....
Aostralia

Atlántico
....
Atlantika

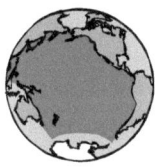

Pacífico
....
Pasifika

Océano Índico
....
Ranomasimbe Indiana

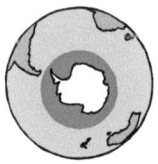

Océano Antártico
....
Oseana Antarktika

Océano Ártico
....
Oseana Arktika

polo norte
....
Tendrotany avaratra

polo sur

Tendrotany atsimo

Antártida

Antarktika

Tierra

tany

tierra

tany

mar

ranomasina

isla

nosy

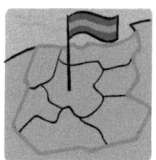

nación

tanindrazana

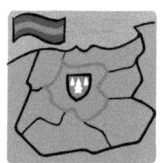

estado

firenena

esfera

vam-pamantaranandro

manecilla de las horas

tondro ora

minutero

tondro minitra

segundero

tondro segondra

¿Qué hora es?

Amin'ny firy izao?

día

andro

hora

fotoana

ahora

izao

reloj digital

famantaranandro niomerika

minuto

minitra

hora

ora

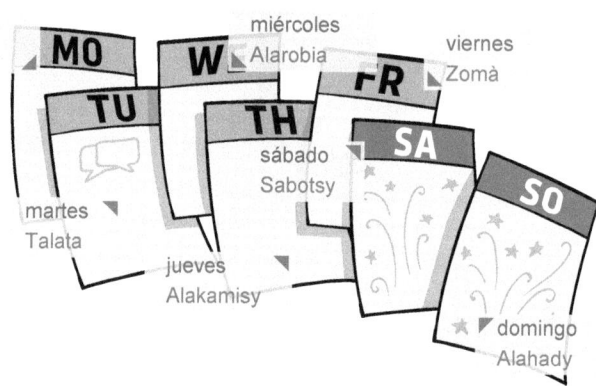

lunes
Alatsinainy

miércoles
Alarobia

viernes
Zomà

martes
Talata

jueves
Alakamisy

sábado
Sabotsy

domingo
Alahady

ayer
omaly

hoy
androany

mañana
ampitso

mañana
maraina

mediodía
atoandro

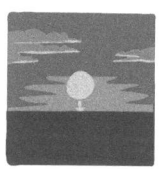

tarde
hariva

días hábiles
adro fiasàna

fin de semana
faran'ny herinandro

año
taona

lluvia
orana
arco iris
avana
nieve
ranomandry
viento
rivotra
primavera
lohataona
otoño
fararano
verano
vanin-taona maina
invierno
ririnina

4.APRIL 11°
5.APRIL 4°
6.APRIL 13°
7.APRIL 8°
8.APRIL 10°

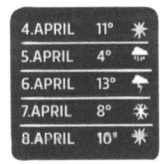

ronóstico meteorológico

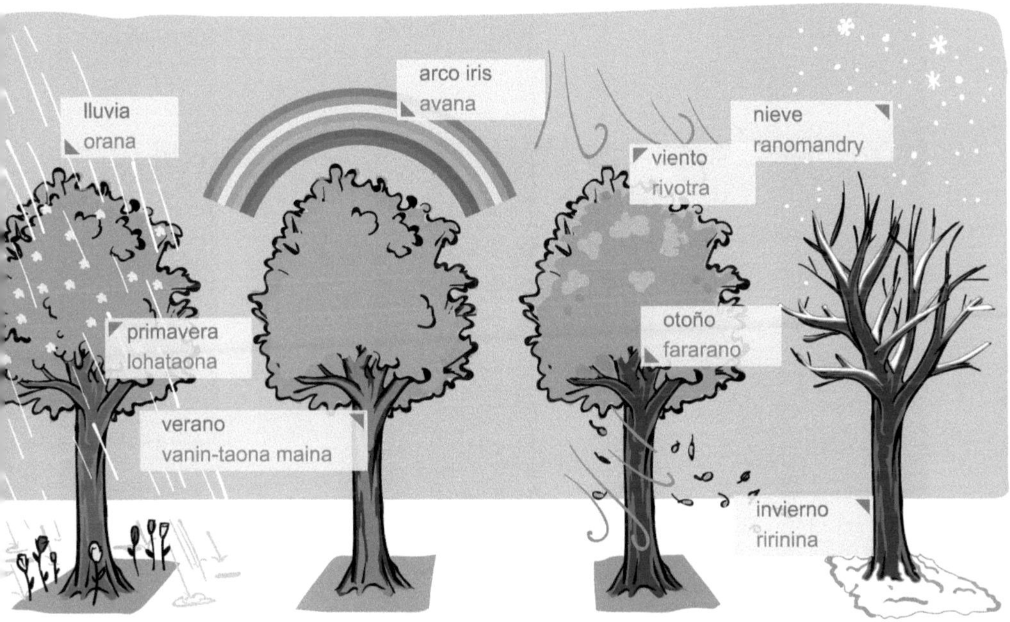

vinavina ara-toetrandro

F
C
120
90
60
30
0
-30
40
30
20
10
0
-10
-20

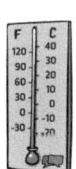

termómetro

thermomètre

luz del sol

tara-masoandro

nube

rahona

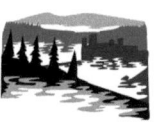

niebla

zavona

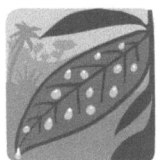

humedad

hamandoana

rayo

tselatra

trueno

kotroka

tormenta

tafio-drivotra

granizo

havandra

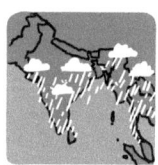

monzón

fahavaratra

inundación

tondra-drano

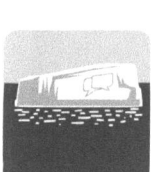

hielo

vaingan-drano

enero

Janoary

febrero

Febroary

marzo

Martsa

abril

Avrila

mayo

Mey

junio

Jiona

julio

Jolay

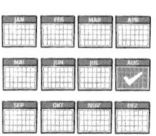

agosto

Aogositra

año - taona

septiembre

Septambra

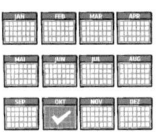

octubre

Oktobra

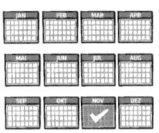

noviembre

Novambra

diciembre

Desambra

formas
endrika

círculo

boribory

cuadrado

efamira

rectángulo

efajoro

triángulo

telozoro

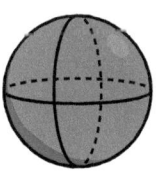

esfera

bola

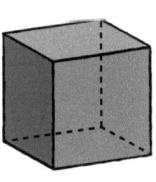

cubo

goba

blanco

fotsy

amarillo

mavo

naranja

laoranjy

rosa

mavokely

rojo

mena

violeta

voloparasy

azul

manga

verde

maitso

marrón

volotany

gris

volondavenona

negro

mainty

mucho / poco

betsaka / vitsy

enojado / tranquilo

tezitra / tony

lindo / feo

tsara / ratsy

principio / fin

fiandohana / fiafarana

grande / chico

lehibe / kely

claro / oscuro

mazava / maloka

hermano / hermana

rahalahy / rahavavy

limpio / sucio

madio / maloto

completo / incompleto

feno / banga

día / noche

andro / alina

muerto / vivo

maty / velona

ancho / angosto

malalaka / tery

comestible / no comestible

azo hanina / tsy fihinana

malo / amable

tsivalahara / tsara fanahy

entusiasmado / aburrido

endratra / sorena

gordo / flaco

matavy / mahia

primero / último

voalohany / farany

amigo / enemigo

mpinamana / mpifahavalo

lleno / vacío

feno / foana

duro / blando

mafy / malefaka

pesado / liviano

mavesatra / maivana

hambre / sed

noana / mangetaheta

enfermo / sano

marary / salama

ilegal / legal

tsy ara-dalàna / ara-dalàna

inteligente / estúpido

mahay / vendrana

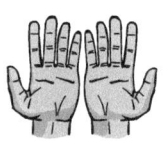

izquierda / derecha

havia / havanana

cerca / lejos

akaiky / lavitra

nuevo / usado	nada / algo	viejo / joven
vaovao / tranainy	tsy misy / misy	antitra / tanora

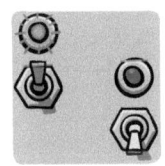
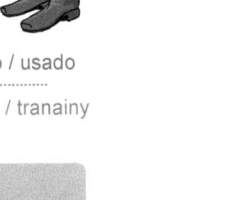

encendido / apagado	abierto / cerrado	silencioso / ruidoso
mandeha / maty	mivoha / mihidy	mangina / mitabataba

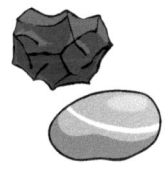

rico / pobre	correcto / incorrecto	áspero / suave
manankarena / mahantra	marina / diso	marokoroko / malama

triste / contento	corto / largo	lento / rápido
malahelo / faly	fohy / lava	mora / faingana

mojado / seco	caliente / frío	guerra / paz
mando / maina	mafana / mangatsiaka	ady / fahalemana

0

cero
aotra

1

uno
iray

2

dos
roa

3

tres
telo

4

cuatro
efatra

5

cinco
dimy

6

seis
enina

7

siete
fito

8

ocho
valo

9

nueve
sivy

10

diez
folo

11

once
iraikambinifolo

12

doce

roambinifolo

13

trece

teloambinifolo

14

catorce

efatrambinifolo

15

quince

dimiambinifolo

16

dieciséis

eninambinifolo

17

diecisiete

fitoambinifolo

18

dieciocho

valoambinifolo

19

diecinueve

siviambinifolo

20

veinte

roapolo

100

cicn

zato

1.000

mil

arivo

1.000.000

millón

tapitrisa

números - isa

inglés

Anglisy

inglés americano

Anglisy amerikana

chino mandarín

Fiteny sinoa mandarina

hindi

Hindi

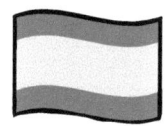

español

Espaniola

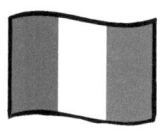

francés

Frantsay

árabe

Fiteny arabo

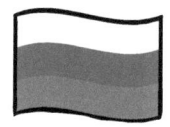

ruso

Fiteny rosiana

portugués

Portogey

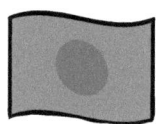

bengalí

Bengaly

alemán

Alemà

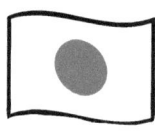

japonés

Japoney

yo

izaho

vos

ianao

él / ella

izy / io

nosotros

isika

ustedes

ianao

ellos

zareo

¿quién?

iza?

¿qué?

inona?

¿cómo?

ahoana?

¿dónde?

aiza?

¿cuándo?

oviana?

nombre

anarana

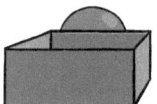

detrás
....
aorina

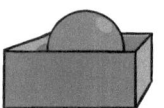

en
....
anaty

adelante de
....
anoloana

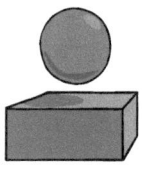

por encima de
....
any

sobre
....
ambony

debajo de
....
ambany

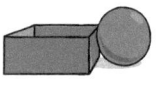

al lado de
....
ankila

entre
....
afovoany

lugar
....
toerana